BEI GRIN MACHT SICH IHR WISSEN BEZAHLT

- Wir veröffentlichen Ihre Hausarbeit, Bachelor- und Masterarbeit

- Ihr eigenes eBook und Buch - weltweit in allen wichtigen Shops

- Verdienen Sie an jedem Verkauf

Jetzt bei www.GRIN.com hochladen und kostenlos publizieren

Jean-Paul Sartres Einfluss auf die deutsche Nachkriegsliteratur

Ute Corell

Bibliografische Information der Deutschen Nationalbibliothek:

Die Deutsche Nationalbibliothek verzeichnet diese Publikation in der
Deutschen Nationalbibliografie; detaillierte bibliografische Daten sind
im Internet über http://dnb.d-nb.de abrufbar.

ISBN: 9783346579218
Dieses Buch ist auch als E-Book erhältlich.

© GRIN Publishing GmbH
Nymphenburger Straße 86
80636 München

Druck und Bindung: Books on Demand GmbH, Norderstedt Germany
Gedruckt auf säurefreiem Papier aus verantwortungsvollen Quellen

Das vorliegende Werk wurde sorgfältig erarbeitet. Dennoch
übernehmen Autoren und Verlag für die Richtigkeit von Angaben,
Hinweisen, Links und Ratschlägen sowie eventuelle Druckfehler keine
Haftung.

Das Buch bei GRIN: https://www.grin.com/document/1168973

Jean-Paul Sartre und sein Einfluss auf die deutsche Nachkriegsliteratur

Inhalt

1. Einleitung

Die Welt wird von Kriegen geprägt. Doch genauso wie der Kriegsbeginn bringt auch das Kriegende eine komplette Umstrukturierung nicht nur der politischen Ordnung, sondern vor allem auch der gesellschaftlichen Realität mit sich. Für die betroffene Bevölkerung folgen häufig Zeiten der Ungewissheit, Armut und Angst.

Auch für die Menschen in Deutschland hatte die Kapitulation der Wehrmacht im Zweiten Weltkrieg und somit das Ende der militärischen Auseinandersetzungen im Mai 1945 weitreichende Auswirkungen. Die Bevölkerung geriet in eine Situation der Ohnmacht, da ihr jegliche Autonomie entzogen wurde und die Alliierten in kürzester Zeit die Oberhand im Regierungsapparat übernahmen. Mit dem Zusammenbruch des nationalsozialistischen Reiches änderte sich schlagartig das internationale politische Machtgefüge. Die Niederlage Deutschlands wurde als Endpunkt gesehen, sie bot eine Chance für einen politischen und gesellschaftlichen Neubeginn. Die Kapitulation der deutschen Wehrmacht wird häufig als „Stunde Null" definiert.

Besonders in dem kulturellen Auftrag gestaltete sich dieser plötzliche Neuanfang aufgrund der braun durchtränkten Literatur als schwierig, sodass das Interesse an Anregungen und Erfahrungen aus dem Ausland wuchs. Paris galt als literarische Hauptstadt des 20. Jahrhunderts und mit dem Intellektuellen Jean-Paul Sartre wirkte in Frankreich eine national Größe, die mit seiner Philosophie des Existentialismus den Zeitgeist der Bevölkerung traf und die Rolle eines Literaten dieser Zeit neu definierte.

Auch im Nachbarland Deutschland wurde ab 1945 ein starker Fokus auf die Werke Sartres gelegt. Daraus ergibt sich die Frage, inwieweit ein direkter Einfluss Sartres auf die Nachkriegsliteratur in Deutschland zu erkennen ist. Die literaturwissenschaftliche Nachkriegsforschung widmet sich verstärkt dem individuellen Schaffen von Autoren in der Nachkriegszeit sowohl in Frankreich als auch in Deutschland, betrachtet allerdings einen möglichen Zusammenhang nur am Rande, sodass diese Arbeit einen neuen, kulturellen Aspekt in dem deutsch-französischen Verhältnis aufzeigen soll.

Zunächst wird die Situation der deutschen Schriftsteller ab 1945 definiert, die beurteilt, ob die deutsche Literatur Raum für die Existentialismustheorie Sartres bieten kann. Im Folgenden wird die Freiheitstheorie Sartres sowie sein Leitsatz für aktive Schriftsteller betrachtet, um basierend auf diesen Erkenntnissen einen möglichen Einfluss auf die deutsche Literatur auszumachen. Anhand des Vergleiches mit Bertold Brecht, der nach dem Krieg zu einem bedeutenden deutschen Nachkriegsautor heranwuchs, soll die Frage beantwortet werden, in welchen Aspekten der Existentialismus zu erkennen ist.

2. Bedingungen im Nachkriegsdeutschland

„Nach zwei Weltkriegen lag alles in Trümmern: Verlagshäuser und Redaktionsgebäude, Theater der Reichshauptstadt und Verkehrswege, Buchläden und Büchereien. Dem verlorenen Staat entsprach der tief einschneidende Verlust eines kulturellen Zentrums auf deutschem Boden."[1]

Deutschland sah sich plötzlich mit dem Verlust seiner gesamten literarischen Tradition konfrontiert. An die Literatur des Nationalsozialismus wollte und konnte niemand anknüpfen, qualifizierte Autoren waren ins Exil ausgewandert und ausländische Literatur wurde in Deutschland bisweilen nicht rezipiert. Es musste ein neues Lernen beginnen. Im allgemeinen Bewusstsein war unbestritten, dass man „die großen Vorbilder und Lehrer von einst, die man getötet, verjagt, geächtet hatte"[2] wiederfinden musste, doch „längst vergessene Müdigkeiten, Überlieferungen und Vorurteile konnten die deutschen Schriftsteller nicht abtun"[3].[4] Auch stürzte sich niemand „auf die zwölf Jahre lang verdrängten und beschwiegenen Schriftsteller"[5]. Die Menschen verlangten etwas Neues. Literatur sollte eine Antwort auf individuelle und kollektive Lebensfragen geben. Doch die Deutschen waren geprägt von Angst und Unsicherheit und wussten nicht, wie sie den Krieg literarisch verarbeiten konnten.

---

[1] Hans Mayer: Die umerzogene Literatur. Deutsche Schriftsteller und Bücher 1945 – 1967. Frankfurt a. M., 1991, S.16.
[2] Mayer, 1991, S. 18.
[3] Mayer, 1991, S. 19.
[4] Vgl. Mayer, 1991, S. 18 f.
[5] Mayer, 1991, S. 55.

Deshalb war es verständlich und wenig überraschend, dass „sich Neugier und Informationsbedürfnis der besiegten Deutschen zunächst allem zuwandte, was als ‚nicht deutsch' gelten durfte."[6] Durch die politischen Umstände wurde dieses kulturelle Bedürfnis erleichtert. Im Rahmen des Demokratisierungsprozesses zielten die vier Besatzungsmächte auf eine Verhinderung der erneuten Entstehung eines autoritären Systems, indem sie das grundlegende Wertekonzept der Bevölkerung verändern wollten sowie Einfluss auf die Pädagogik und das kulturelle Leben nahmen. So waren in Deutschland ab 1945 Rundfunk, Theater, Film, Verlage, Erziehungs- und Hochschulwesen unter ausländischer Kontrolle und durch diesen Einfluss geprägt. „Die Besatzungsbehörden [versuchten] im Sinne ideologischer Prinzipien den Literaturfluss zu kanalisieren"[7] und besonders die Franzosen sahen in der Kulturarbeit ihren spezifischen Beitrag, mithilfe dessen sie die Demokratisierung vorantreiben und „zur Weckung eines kritischen Geistes beitragen" konnten[8]. Sie

> „waren vor allem daran interessiert, dass in der ihnen zugefallenen Zone die traditionellen Werke französischer Kunst und Literatur den ausgehungerten Deutschen zugänglich gemacht wurden."[9]

Die Franzosen waren sich dem hohen Potential, welches Kunst und Literatur bieten kann, um eine Gesellschaft über kulturelle Werte positiv zu verändern, bewusst und wollten es nutzen. Es folgten deutsch-französische Schriftstellertreffen. Diese waren „der physische Ausdruck eines neuen Verhältnisses, eines beginnenden Dialogs, der die Abschottung überwand und wohl auch bestimmt war durch die gemeinsame Erfahrung eines Neubeginns und damit auch der Zugehörigkeit zu einem gemeinsamen kulturellen Raum, den es aufzubauen galt"[10]. Französische Autoren wurden in der französischen Besatzungszone zunehmend wiedergegeben und der französische

---

[6] Mayer, 1991, S. 53.
[7] Joseph Jurt: Ein transnationales deutsch-französisches Feld nach 1945? In: Patricia Oster, Hans-Jürgen Lüsebrink (Hg.): Am Wendepunkt. Deutschland und Frankreich um 1945 - zu Dynamik eines >transnationalen< kulturellen Feldes. Dynamiques d'un champ culturel >transnational< - L'Allemagne et la France vers 1945. Jahrbuch des Frankreichzentrums der Universität des Saarlandes. Band 7. Bielefeld, 2008, S. 205.
[8] Vgl. Jurt, 2008, S. 218.
[9] Mayer, 1991, S. 43.
[10] Jurt, 2008, S. 213 ff.

Existentialismus Jean-Paul Sartres traf auch in der deutschen Bevölkerung auf Interesse.

3. Sartres Werke

3.1 Der Existentialismus Sartres

Bereits Ende der 1920er Jahre entwickelte sich in Deutschland unter Karl Jaspers und Martin Heidegger eine neue philosophische Denkrichtung. Diese sogenannte Existenzphilosophie widmete sich hauptsächlich der Befindlichkeit des Individuums nach dem ersten Weltkrieg. Jean-Paul Sartre nahm Aspekte dieser Strömung auf und entwickelte auf dieser Basis den Existentialismus. Grundlegender Leitsatz des Existentialismus nach Sartre ist das Bestehen eines zur Freiheit verurteilten Menschen, der sich den Sinn seiner Existenz unabhängig von äußeren Einflüssen entwickeln muss.

3.1.1 Konzept der Freiheit

In seinem 1945 publizierten Werk *L'existentialisme est un humanisme* definiert Sartre sein individuelles Konzept der menschlichen Freiheit. „*Ek-sistere*, chez Sartre, signifie se projeter hors de soi. L'homme existe en ce qu'il n'est rien de défini, il devient ce qu'il a décidé d'être."[11] Da Sartre auf einer atheistischen Glaubensgrundlage den Menschen zunächst als Nichts sieht und ihm die Aufgabe auferlegt, in einem eigenverantwortlichen Schaffensprozess sich selbst zu definieren, erlaubt er dem Menschen grundsätzlich alles. „Il n'y a pas de déterminisme, l'homme est libre, l'homme est liberté."[12] Sartre verurteilt den Menschen zu dieser Freiheit. Der Mensch „ne s'est pas crée lui-même [...] [et] une fois jeté dans le monde, il est responsable de tout ce qu'il fait."[13] „Très peu de gens, croit Sartre, sont prêts à accepter et à assumer leur liberté"[14], denn „notre responsabilité est

---

[11] La-Philosophie.com. Philosophie et Citations : Sartre : L'existentialisme est un humanisme (commentaire et résumé). 2012. URL : http://la-philosophie.com/sartre-lexistentialisme-est-un-humanisme-commentaire. [06.03.2012].
[12] Jean-Paul Sartre : L'existentialisme est un humanisme. 1946, S. 39.
[13] Sartre, 1946, S. 39 f.
[14] La-Philosophie.com. Philosophie et Citations : L'homme est condamné a être libre. 2012. URL : http://la-philosophie.com/homme-condamne-etre-libre-sartre. [06.03.2012].

4

beaucoup plus grande que nous ne pourrions le supposer, car elle engage l'humanité entière"[15].

Die Freiheit schafft dem Menschen demnach Raum nach individuellen Bedürfnissen zu entscheiden und zu handeln, beinhaltet jedoch ständig die Verantwortung für sich selbst und die gesamte Menschheit. Jede persönliche Entscheidung verwaltet also nicht nur den eigenen Existenzapparat, sondern wirkt sich in seiner Tragweite auf die Gesellschaft aus. Sartre geht aus diesem Grund davon aus, dass der Mensch instinktiv immer das Gute für die Allgemeinheit wählt[16]. Dennoch warnt Sartre: „Il n'y a aucune nature humaine"[17]. Die menschliche Güte kann nicht garantiert werden. Sie wird durch das Konzept der Freiheit aufgehoben. Folglich sollte sich der Mensch nicht zwingend auf ein unbekanntes Gegenüber verlassen, denn nicht immer korreliert eine individuelle Entscheidung mit dem Wohl der Gemeinschaft. „En réalité, les choses seront telles que l'homme aura décidé qu'elles soient".[18] Die Konsequenz dessen ist eindeutig. Sartre sieht jedes Individuum in der Verantwortung für sich selbst und die Gesellschaft. Die Gesellschaft ist demnach absolut verantwortlich für ihre jetzige Zeit.

3.2 Aufgabe eines Schriftstellers

Zu Zeiten des Wiederaufbaus in ganz Europa und „in einer Gesellschaft, die die Produktion forciert und die Konsumtion auf das strikt Notwendige beschränkt, bleibt das literarische Werk eindeutig nutzlos"[19]. Die Gesellschaft sieht einen politischen und wirtschaftlichen Fortschritt als durchaus wichtiger an als den Zeitvertreib mit Literatur. Dieser brutalen Abwertung ihres Schaffens sahen sich die Schriftsteller ab 1945 gegenüber. Auch Sartre erkannte diese Lethargie und reflektierte in seinem 1947 in der Zeitschrift *Les Temps des Modernes* publizierten Werk *Qu'est-ce que la littérature?* (dt.: Was ist Literatur?) die Bedeutung der Literatur in der Nachkriegszeit.

---

[15] Sartre, 1946, S. 32.
[16] Vgl. Sartre, 1946, S. 32.
[17] Sartre, 1946, S. 49.
[18] Sartre, 1946, S. 50.
[19] Jean-Paul Sartre: Was ist Literatur? In: König, Traugott (Hg.): Jean-Paul Sartre: Gesammelte Werke in Einzelausgaben. Schriften zur Literatur. Band 3. Reinbek bei Hamburg, 1984, S. 180.

5

Sartre sieht die Schriftsteller nicht mehr als diejenigen an, die die Welt besitzen wollen, sondern er erkennt sie als solche, die die Welt verändern wollen.[20] Ihre Werke sind nicht länger verfasst, um dem Leser zu gefallen;

> „sie irritieren und beunruhigen, sie bieten sich als zu erfüllende Aufgabe dar, sie fordern zu Nachforschungen ohne Schlussfolgerungen, sie lassen an Erfahrungen teilnehmen, deren Ausgang ungewiss bleibt. Als Früchte von Qualen und Fragen können sie für den Leser kein Genuss sein, sondern nur Fragen und Qualen."[21]

Dieser Herausforderung stellt Sartre die Schriftsteller gegenüber. Schließlich ist es nach Sartre „weder unser Fehler noch unser Verdienst"[22] in dieser Zeit zu leben. Sich selbst inbegriffen führt Sartre hiermit auf seine Theorie des Existentialismus zurück, denn der Mensch ist in die Welt geworfen und freiem Handeln unterlegen. Und daher trägt er die Verantwortung für seine Zeit. So „ist es die Funktion des Schriftstellers, dafür zu sorgen, dass niemand über die Welt in Unkenntnis bleibt und dass niemand sich für unschuldig an ihn erklären kann"[23]. Sartre proklamiert die Verantwortung des Schriftstellers für seine Epoche.

Aus diesem Grund sieht Sartre einen außerliterarischen Zweck in Literatur. „Denn das genau ist das Endziel der Kunst: diese Welt vereinnahmen, indem man sie so vorführt, wie sie ist, aber als wenn sie ihre Quelle in der menschlichen Freiheit hätte"[24]. Literatur soll verantwortungsbewusst die Realität aufzeigen. Literatur besitzt folglich immer einen politischen Gehalt und zielt auf eine gesellschaftliche Veränderung.

Zudem bezieht Sartre seine Existentialismustheorie auf das Wirken von Literatur. Ebenso wie der Mensch einem Prozess der Selbstdefinition unterliegt, kann „das Schaffen [eines Werkes] seinen Abschluss erst in der Lektüre finden"[25]. Der Prozess des Lesens definiert das Werk. Der Künstler muss sich dem Leser anvertrauen, sodass dieser beendet, was er begonnen hat, um sich folglich „über das Bewusstsein des Lesers [ ] als seinem Werk wesentlich [zu] begreifen"[26]. Demnach ist jedes literarische Werk ein Appell –

---

[20] Vgl. Sartre, 1984, S. 183.
[21] Sartre, 1984, S. 182.
[22] Sartre, 1984, S. 167.
[23] Sartre, 1984, S. 27.
[24] Sartre, 1984, S. 49.
[25] Sartre, 1984, S. 41.
[26] Sartre, 1984, S. 41.

ein Appell an die Freiheit des Lesers, dass er „an der Produktion [des] Werkes mitarbeite"[27].[28]

Zwar hat ein Leser die Freiheit „jenes Buch auf dem Tisch liegenzulassen. Aber wenn man es öffnet, übernimmt man dafür die Verantwortung"[29]. Denn der Schriftsteller zielt auf Affektionen[30] des Lesers und „zwingt ihn zu schaffen, was er enthüllt"[31]. So soll des Lesers Haltung der Liebe gegenüber dem literarischen Werk zum Drang der Erhaltung, die Haltung der Entrüstung zur Veränderung sowie die Haltung der Bewunderung zur Nachahmung anleiten.[32] Dann „tragen [...] also beide die Verantwortung für das Universum"[33].

4. Einfluss auf die deutschen Intellektuellen

Faszinierend wirkt die Präsentation Sartres Freiheitsbegriffes und dessen Darstellung sowohl in literarischen Werken, in denen der Mensch als ein für sich selbst verantwortliches und zur Freiheit verurteiltes Wesen beschrieben wird, als auch in seinem erkennbaren politischen Engagement. Sartres Werke – Literatur von politischem oder sozialem Gehalt – treten für eine politische Veränderung ein; Sartre prägt in diesem Sinne den Begriff *der Littérature engagée*.

Die jungen Deutschen sehnen sich in der Phase des Umbruchs nach neuem Denken und neuen Formen, sodass „das weit ausschwingende Konzept der *Littérature engagée* [...] Platz in den Köpfen der Nachkriegsgeneration"[34] ergreift. Es stellt eine Sehnsucht nach individuellen Freiheiten und einer Aufhebung aller äußerlichen Zwänge dar.

> „Die begierig aufgesogene Religion hieß Existentialismus und ihr Hohepriester hieß Sartre. [...] Es war ein Rausch, und der kam aus Paris. Freiheit stand auf dem Panier".[35]

---

[27] Sartre, 1984, 41.
[28] Vgl. Sartre, 1984, S. 41.
[29] Sartre, 1984, S. 43.
[30] Vgl. Sartre, 1984, S. 49.
[31] Sartre, 1984, S. 52.
[32] Vgl. Sartre, 1984, S. 52.
[33] Sartre, 1984, S. 52.
[34] Fritz J. Raddatz: Das Baguette der frühen Jahre. In: Süddeutsche Zeitung. Kultur, Gesellschaft, Politik. Samstag Sonntag, 7./8. März 2009.
[35] Raddatz, 2009.

Mit diesem auffordernden Denkansatz trifft Sartre genau den Zeitgeist der deutschen Nachkriegsbevölkerung. Er definiert die Menschen nur über ihr Handeln und fordert sie zum Selbstentwurf auf.

> „In die Freiheit geworfen, der Sinnlosigkeit der Welt und der Absurdität des Seins ausgeliefert – die eingängigen Leitsätze werden auf die eigene Situation projiziert. Die Chance zu Katharsis und geistigem Neubeginn wird in den späten vierziger, frühen fünfziger Jahren besonders von westdeutschen Intellektuellen und Kulturschaffenden erkannt". [36]

Zunächst werden Sartres Werkes in Deutschland viel gelesen und sind in hoher Anzahl tradiert[37], kontinuierlich werden in der deutschen Literatur existentialistische Einflüsse sichtbar.

Deutsche Autoren thematisieren überwiegend die jüngste Vergangenheit und verarbeiten eigene Erfahrungen. Soziale, psychische und politische Erlebnisse während des Krieges oder der Nachkriegszeit werden zu elementaren Bausteinen deutscher Literatur. Die Erfahrung mit dem Tod, soziale Außenseiterfiguren und persönliches Scheitern sowie der Verlust von Gewohnheiten und Sicherheiten prägt zunehmend die Themen, Motive und Handlungsmuster.[38]

> „Literatur sei nicht das unverbindliche Spiel des beliebig Schönen; sie ist so gut das Produkt der Gesellschaft, wie sie in die Gesellschaft hineinwirkt. Der Autor ist kein unbeteiligter Arrangeur ohne Pflicht und Gewissen, sondern hat einen Auftrag sich einzumischen in die Res publica."[39]

4.1 Vergleich Sartres mit Bertolt Brecht

Bertolt Brecht kehrt 1947 aus dem Exil zurück nach Deutschland. Er will neue und zeitgemäße Gegenstände auf der Theaterbühne darstellen, die das Publikum nicht zum Mitfühlen, sondern zu einer Auseinandersetzung mit dem Erfahrenen auffordern. Die bestehende Form der Dramatik scheint ihm dafür ungeeignet. Folglich schafft er mit seinem Konzept des epischen Theaters eine neue Dramen- und Theaterästhetik. In seiner theoretischen

---

[36] Martin Schieder, Isabelle Ewig (Hg.): In die Freiheit geworfen. Positionen zur deutsch-französischen Kunstgeschichte nach 1945. Berlin, 2006, S. 18.
[37] Vgl. Klaus-Detlef Müller: Bertolt Brecht: Epoche – Werk – Wirkung. München, 2009, S. 248.
[38] Vgl Thomas Anz: Literatur der Moderne nach dem Ende des Krieges. Erinnerungen an den Existenzialismus der fünfziger Jahre in Frankreich und Deutschland - aus Anlass von Sartres 100. Geburtstag. In: Rezensionsforum für Literatur und Kulturwissenschaften. 2012. URL: http://www.literaturkritik.de/public/rezension.php?rez_id=8218. [09.03.2012].
[39] Raddatz, 2009.

Zusammenfassung *Kleines Organon für das Theater* erläutert Brecht die Grundsätze seiner neuen, politischen Theaterform. [40]

4.1.1 Vergleich der Theorien Sartres und Brechts

Auf der Grundlage des Werkes *Kleines Organon für das Theater* und den bereits erarbeiteten Werken Sartres soll der Fokus im Folgenden auf die Ähnlichkeit vertretender Ansichten beider Schriftsteller gelegt werden. Nach Brecht kann das Theater eine „freie Haltung"[41] einnehmen, denn es sind viele Erzählungsarten denkbar, bekannte und noch zu erfindende"[42]. Die Gestaltung des Theaters unterliegt einer Freiheit, die sich „aus der Lust unseres Zeitalters, das so viele und mannigfache Veränderungen der Natur bewerkstelligt"[43] entwickelt und den Spielraum für die Kreativität am Menschen hebt. „Wie er ist, muss er nicht bleiben"[44]. In Aufbau und Umsetzung wird eine Schaffensfreiheit garantiert, die nur von einer sogenannten deutlichen Fabel gesteuert wird. „Auf die Fabel kommt alles an, sie ist das Herzstück der theatralischen Verantwortung"[45], denn sie führt das Theater in seine Vollkommenheit.

Vergleichbar mit Sartres Freiheitsentwurf, in dem die Verantwortung des freien Menschen dessen gesamtes Handeln beeinflusst, schafft Brecht eine Konzeption, die allen Ideen Freiraum bietet und dennoch immer die Vermittlung der Fabel als Quintessenz darstellt.

In der Theorie sieht Brecht seine neue Form der Kunst als Theater, dass „sich in der Wirklichkeit engagier[t], um wirkungsvolle Abbilder der Wirklichkeit herstellen zu können und zu dürfen"[46]. Dabei soll das Theater „nicht nur Empfindungen, Einblicke und Impulse [ ], die das jeweilige historische Feld der menschlichen Beziehungen [...] auf dem die Handlungen jeweils stattfinden"[47] hervorrufen, sondern besonders Gedanken und Gefühle erzeugen, die eine Veränderung des Feldes nach sich ziehen. Es ist zu erkennen, dass das

---

[40] Vgl.: Müller, 2009, S.112 f.
[41] Bertolt Brecht: Kleines Organon für das Theater. Weimar, 1964. § 23.
[42] Brecht, 1964, § 67.
[43] Brecht, 1964, $ 46.
[44] Brecht, 1964, § 46.
[45] Brecht, 1964, § 65.
[46] Brecht, 1964, § 23.
[47] Brecht, 1964, § 35.

9

Theater Brechts – in ähnlicher Weise wie die Literatur Sartres – ein
gesellschaftliches Umdenken fordert. Die Kunst dient nicht nur der
Unterhaltung, sie unterliegt vor allem einer politischen Motivation:

> „So ist die Umgestaltung der Gesellschaft ein Befreiungsakt und es sind die
> Freuden der Befreiung, welche das Theater eines wissenschaftlichen
> Zeitalters vermitteln soll".[48]

Festzuhalten ist, dass durchaus konzepttragende Ähnlichkeiten zwischen
Sartre und Brecht hervortreten. In ihrer Theorie verfolgen beide den
Leitgedanken, dass die Freiheit als Basis existiert und auf dieser eine Kunst
geschaffen werden muss, die die Realität reproduziert. Nur in der
Auseinandersetzung mit der Realität kann die Kunst Motivation zur
Veränderung bieten und eine kritische Stellungnahme provozieren, um folglich
einen Auseinandersetzungsprozess der Gesellschaft mit ihrer Situation
anzureizen.

> „Wie Bertolt Brecht möchte Sartre keineswegs Jammer und Schrecken oder
> sehr viel Emotionen erregen; er zieht es vor, Kost fürs Denken zu bieten. Auf
> dieser Ebene jedoch ist er Brecht weit überlegen."[49]

Auch in ihrer Themenwahl und in ihrem öffentlichen Erscheinungsbild
scheinen Sartre und Brecht grundlegend komparabel aufzufallen.
Gesellschaftskritisch agierend und politisch engagiert sieht sich sowohl Sartre
als auch Brecht als eine intellektuelle Instanz. In ihren Werken thematisieren
beide die Verantwortung für die eigene Epoche. In ihrem Auftreten scheuen
sie nicht vor politischem Engagement und Stellungnahmen zu aktuellen
Ereignissen oder ideologischen und moralischen Fragen zurück.
Anzunehmen ist, dass sich Brecht an Sartre orientiert hat, allerdings fehlen für
solch eine These die grundlegenden Beweise.

> „Von Brecht etwa gibt es kein Wort zu Sartre, nicht zu der fast klassisch zu
> nennenden Antisemitismus-Erzählung „Die Kindheit eines Chefs", nicht zu
> dem luziden Essay „Was ist Literatur?", vor allem nicht zu dem Stück „Die
> schmutzigen Hände", seiner „Maßnahme" derart ähnlich, dass beide Autoren
> ihre eigenen Stücke verboten."[50]

---

[48] Brecht, 1964, §56.
[49] Walter Kaufmann: Tragödie und Philosophie. Tübingen, 1980, S. 290.
[50] Raddatz, 2009.

Es müssen Bedenken geäußert werden, ob solch ein Vergleich überhaupt möglich und sinnvoll ist. Gleichwohl könnte Brecht ohne direkten Einfluss Sartres dem Zeitgeist der Gesellschaft gefolgt sein. Brecht wirkte in der Deutschen Demokratischen Republik und unterlag weniger dem Einfluss der Westalliierten, sondern vornehmlich dem der russischen Besatzungsmächte. Begründet auf beidseitigen Interessen an Kant und Marx könnten ähnliche Denkansätze entwickelt worden sein; die deutsche Prägung des Existentialismus durch Jaspers und Heidegger gestattet zudem die Vermutung eines gemeinsamen Ursprungs. Außerdem ist der gesellschaftskritische Ansatz, der deutlich bei Sartre und Brecht hervortritt, kein von ihnen erfundenes Phänomen. Bereits in der Aufklärung diente Kunst nicht nur der Unterhaltung.[51]

Resümierend kann keinesfalls eine Abhängigkeit und Beeinflussung Brechts durch Sartre konstatiert werden. Da sich niemals der eine zum anderen äußerte, fehlen tragbare Beweise, die Sartre als Vorbild Brechts charakterisieren. Jedoch ist ein sartreistischer Einfluss auf Brecht nicht absolut widerlegbar.

4.2 Bedeutung Sartres für das Nachkriegsdeutschland

Einflüsse Sartres auf die Literatur in Deutschland ab 1945 sind aufgrund der politischen Gegebenheit und seiner Popularität innerhalb Frankreichs in Deutschland nicht zu verhindern. Sartre hat mit seinem Existentialismus einen Religionsersatz geschaffen und traf besonders auf Akzeptanz in der jüngeren Generation, doch

> „für die meisten ist der Existentialismus keine philosophische Position, sondern Lebensgefühl der Zeit. […] [Damals spricht] manch einer von einer ‚Modeströmung' [ ], die ‚von Frankreich nach Deutschland eindringt und nicht nur auf dem Gebiet der Philosophie, sondern auch auf denen der Kunst, der Literatur und der Lebensfühlung sich breitmacht'."[52]

Sowohl in den deutschen Nachkriegsdebatten als auch in den Theatersälen, in denen seine Stücke sehr häufig aufgeführt wurden, war Sartre sehr

---

[51] Vgl. Raddatz, 2009.
[52] Schieder/Ewig, 2006, S. 18.

präsent.[53] Seine Dichtungen wurden zur Schullektüre, in überregionalen Zeitschriften wurde sich intensiv mit dem Existentialismus auseinandergesetzt. Sartre vermittelte eine Stimmung, die begeisterte. In der deutschen Literatur ist einerseits das Motiv der Freiheit wiederzufinden, andererseits findet eine Auseinandersetzung mit der Vergangenheit und Gegenwart statt. Nachweislich wurden die frühen Dramen Grass und die Dichtungen Dürrenmatts und Frischs von Sartre angeregt allerdings ist zu konstatieren, dass es „neben den existentialistischen Anregungen für diese Zeit"[54] viele weitere gab. [55]

Sartre war keinesfalls der Einzige, der deutschsprachige, verunsicherte Autoren anregte und beeinflusste. Weitere Größen Frankreichs wie Albert Camus oder Simone de Beauvoir waren populär und auch Racines, Giraudoux' oder Anouilhs Werke wurden an deutschen Bühnen gespielt. Französische Literatur und Philosophie wurde jener Zeit in intensiver und breiter Weise in Deutschland rezipiert.[56]

Ebenso kann den weiteren Besatzungsmächte Deutschlands ein Einfluss auf die deutsche Literatur zugeschrieben werden. Beispielsweise legten die Amerikaner mit dem Stil Ernest Hemingways die Basis für die wachsende Begeisterung an Kurzgeschichten

.Es ist die Aufnahmebereitschaft der Deutschen, die internationalen Literaten in der unmittelbaren Nachkriegszeit Raum für ihre Ideen schafft. Sartre trägt darin eine dominante Rolle und ist für die deutsche Kriegsaufarbeitung wertvoll. Mit seinem Entwurf einer freiheitlichen Zukunft eröffnet er der Gesellschaft neue Perspektiven und lädt mit seinem überliterarischen Engagement zu einer verantwortungsbewussten Auseinandersetzung mit Vergangenheit und Gegenwart ein.

---

[53] Vgl. Jurt, 2008, S. 224.
[54] Hermann Wiegemann: Die deutsche Literatur des 20. Jahrhunderts. Würzburg, 2005, S. 250.
[55] Vgl. Wiegemann, 2005, S. 250.
[56] Vgl. Jurt, 2008, S. 224.

5. Fazit

Jean-Paul Sartre ist es, der die deutsche Bevölkerung nach dem Kriegsende 1945 mitreißt. Sein Existentialismus entfacht ein euphorisches Streben nach Freiheit und schafft in Deutschland ein neues Lebensgefühl. Durch das freie, eigenverantwortliche Handeln wird den Deutschen eine positive Zukunftsperspektive eröffnet.

Die Literatur soll nur den Zugang zu diesem Zeitgeist vermitteln. So verfasst Sartre selbst existentialistische Werke und fordert jeden anderen Schriftsteller dieser Zeit zu einem literarischen Wirken auf, welche politische und gesellschaftskritische Reflexion bewirkt. Aus diesem Grund ist es schwer festzustellen, ob die deutschen Schriftsteller direkt Sartres Philosophie reproduzieren, oder ob sie angesteckt von dem Zeitgeist der Bevölkerung indirekt diese Ideen nutzen. Am beispielgebenden Vergleich Sartres mit Bertold Brecht ist deutlich zu erkennen, dass existentialistische Einflüsse in der deutschen Literatur wirken. Doch auch hier kann eine Vielzahl von Überschneidungen in literarischen Grundsätzen oder in öffentlichem Engagement keine direkte Vorbildrolle Sartres beweisen.

Von Wichtigkeit allein ist, dass Sartre in Deutschland eine Strömung entfachte, die der Bevölkerung ein neues Selbstvertrauen schenkte. Auch wenn dadurch zunächst das Denken und Handeln der Bevölkerung und im Anschluss die Literatur beeinflusst wurde, ist Sartres Bedeutung für das Nachkriegsdeutschland keinesfalls zu unterschätzen. Denn Sartres Ziel ist niemals die Würdigung der Literatur allein, sondern immer ihre Wirkung.

6. Literaturverzeichnis

6.1 Primärquellen

Bertolt Brecht: Kleines Organon für das Theater. Weimar, 1964, S. 12 – 63.

Sartre, Jean-Paul: L'existentialisme est un humanisme. 1946.

Sartre, Jean-Paul: Was ist Literatur? In: König, Traugott (Hg.): Jean-Paul Sartre: Gesammelte Werke in Einzelausgaben. Schriften zur Literatur. Band 3. Reinbeck bei Hamburg, 1984.

6.2 Sekundärquellen

Kaufmann, Walter: Tragödie und Philosophie. Tübingen, 1980, S. 267 – 296.

Mayer, Hans: Die umerzogene Literatur. Deutsche Schriftsteller und Bücher 1945 – 1967. Frankfurt a. M., 1991.

Müller, Klaus-Detlef: Bertolt Brecht: Epoche – Werk – Wirkung. München, 2009.

Jurt, Joseph: Ein transnationales deutsch-französisches Feld nach 1945? In: Oster, Patricia/Lüsebrink, Hans-Jürgen (Hg.): Am Wendepunkt. Deutschland und Frankreich um 1945 - zu Dynamik eines >transnationalen< kulturellen Feldes. Dynamiques d'un champ culturel >transnational< - L'Allemagne et la France vers 1945. Jahrbuch des Frankreichzentrums der Universität des Saarlandes. Band 7. Bielefeld, 2008, S. 189 – 230.

Schieder, Martin/Ewig Isabelle (Hg.): In die Freiheit geworfen. Positionen zur deutsch-französischen Kunstgeschichte nach 1945. Berlin, 2006, S. 1 - 28.

Raddatz, Fritz J.: Das Baguette der frühen Jahre. In: Süddeutsche Zeitung. Kultur, Gesellschaft, Politik. Samstag Sonntag, 7./8. März 2009.

Wiegemann, Hermann: Die deutsche Literatur des 20. Jahrhunderts. Würzburg, 2005, 245 ff.

6.3 Weitere Quellen

La-Philosophie.com. Philosophie et Citations : Sartre : L'existentialisme est un humanisme (commentaire et résumé). 2012. URL : http://la-philosophie.com/sartre-lexistentialisme-est-un-humanisme-commentaire. [06.03.2012].

La-Philosophie.com. Philosophie et Citations : L'homme est condamné a être libre. 2012. URL : http://la-philosophie.com/homme-condamne-etre-libre-sartre. [06.03.2012].

Thomas Anz: Literatur der Moderne nach dem Ende des Krieges. Erinnerungen an den Existenzialismus der fünfziger Jahre in Frankreich und Deutschland - aus Anlass von Sartres 100. Geburtstag. In: Rezensionsforum für Literatur und Kulturwissenschaften. 2012. URL: http://www.literaturkritik.de/public/rezension.php?rez_id=8218. [09.03.2012].